Sean, Ezequiel, Dave
Colaboradores neste Ebook

Caro Principiante,

Parabéns por começar uma viagem difícil, mas emocionante, de aprender sobre criptomoedas. CoinYou vai fazer a dificuldade parecer fácil. Este guia é uma compilação de respostas para as melhores listas de perguntas frequentes (FAQ) que pudemos encontrar na Internet. Nós compilamos e alteramos essas listas públicas para criar um guia-mestre.

A CoinYou foi iniciada por Sean e Dave, dois caras que queriam tornar as criptomoedas acessíveis para as pessoas que delas poderiam obter os maiores benefícios: as pessoas comuns. O conhecimento sobre as criptomoedas não deveria ficar restrito apenas a 1% das pessoas.

Quanto mais você aprender sobre criptomoedas, mais perceberá como é inevitável que essa tecnologia venha a se tornar o futuro do dinheiro. Isso já está acontecendo.

Pode parecer assustador no início, mas uma vez que você aprende o básico, esse conhecimento passa a ser realmente empoderador! Saiba mais sobre a missão da CoinYou.co para ajudar aos desbancarizados, aos refugiados, às minorias e às pessoas que não tem domínio de inglês a aprenderem sobre as criptomoedas em CoinYou.co/pt-br

Introdução

Parabéns ! Se você está lendo estas palavras, isso significa que você está interessado em um dos temas mais quentes do mundo de hoje. Não importa se você está lendo porque encontrou este documento na web intencionalmente, ou se alguém chamou sua atenção para ele por algum motivo.
É normal ser um pouco cético sobre o seu conteúdo.
O importante é que você está prestes a começar uma viagem que pode esclarecer como o dinheiro funciona e como ele pode trabalhar melhor para o benefício de muitos. No sistema atual, a desigualdade e a disparidade de renda são problemas crescentes. As tecnologias descentralizadoras, como a do Bitcoin, podem conter a chave para um futuro mais equitativo conforme todos desejam.

Sua jornada vai fazer você pensar sobre muitas coisas que podem ser desconhecidas nessa altura da vida. Mas está tudo bem. Também é verdade que pode demorar um pouco até que entenda o sistema que vamos lhe descrever, e isso não tem problema. Não se preocupe. Todo mundo é novato em algum momento. Somos uma comunidade de pessoas que descobriu como usar a Internet para criar e compartilhar valores através dela, com segurança. Essa capacidade é enorme e nos dá o poder de mudar as coisas que devem ser mudadas. Vamos dar o melhor de nós para ajudá-lo a aprender os pontos básicos da revolução por trás da tecnologia e do mercado de Bitcoin e de outras criptomoedas. Então, vamos em frente rumo ao nosso objetivo.

Começando do Zero

Queremos que as pessoas que não sabem nada sobre Bitcoin e Criptomoedas sejam capazes de aprender o básico em apenas um documento.

Você não tem que ter uma vasta formação financeira, em criptomoedas ou em ciência da computação para entender as coisas que vamos compartilhar com você. Mesmo se você não entender algo de imediato, acostume-se com os tópicos, procure mais informações se precisar, e você certamente será compensado com sabedoria.

Nosso e-book consiste em uma série de perguntas e respostas curtas. Evitamos discussões técnicas e nos concentramos em conceitos práticos para responder às perguntas mais comuns dos iniciantes.

Há um glossário de termos no final deste e-book. Você pode consultá-lo sempre que você não entender um termo encontrado no texto.

Educação Financeira

Sabendo que a grande maioria da população mundial não é educada em questões financeiras em um nível razoável, vamos começar por explicar brevemente alguns aspectos do sistema financeiro atual que são fundamentais para a compreensão de Bitcoin e das Criptomoedas.

O paradigma do sistema financeiro hoje é o que chamamos de "centralização". O que significa na prática é que as decisões importantes que afetam todo o sistema são tomadas por apenas algumas pessoas e instituições. A centralização cria e concentra enorme poder, um poder que é desejado por pessoas que querem liderar o sistema em uma direção para se beneficiar. Todos os tipos de corrupção, vigilância e perda de dados decorrem da centralização.

Descentralização é a característica chave em Criptomoedas. A maioria das Criptomoedas não têm uma autoridade central que as controlam, mas trabalham por regras estritas, definidas e supervisionadas por códigos de computador.

Isso pode ser um pouco complicado e misterioso para alguns dos leitores, mas é assim que funciona e nossa missão é ajudá-lo a compreendê-lo passo a passo.

Uma coisa que você deve saber é que, antes do Bitcoin e das Criptomoedas existirem, o sistema financeiro centralizado era vulnerável à uma tirania. Uma vez que uma autoridade central está no comando, ela tem o poder controlar e mudar as regras sempre que quiser. Este sistema é vulnerável e pode entrar em colapso. Um estudo do crash de 2008 da economia americana mostrou o quão perto chegamos de desmoronar todo o sistema financeiro global.   Em 2008, o governo dos EUA socorreuas instituições financeiras que levaram a economia ao desastre. Muitas pessoas ficaram indignadas porque os contribuintes pagaram pelos riscos e erros dos bancos e ninguém foi processado por causar tal problema. Uma pergunta é se a próxima crise poderia ser evitada.

Bancos centrais e governadores imprimem dinheiro para pagar suas contas e, ao fazê-lo, o desvalorizam. Até 2008, não havia como escapar disso, e foi nesse contexto que o Bitcoin nasceu. O Bitcoin veio à tona através do trabalho de um criador anônimo chamado "Satoshi Nakamoto".

Satoshi inventou um **sistema de código aberto** de dinheiro eletrônico que não exigia uma autoridade central para controlá-lo. Era um modelo puramente "ponto-a-ponto" (**P2P** ou "peer-to-peer") criado e mantido por computadores em todo o mundo, que era **distribuído** de tal maneira que uma condição de consenso era alcançada apenas pela matemática. Não era dependente de qualquer forma de autoridade central que pudesse vir a alterar algo no sistema. Não tenha medo de nenhum desses conceitos. Nós vamos esclarecê-los ao longo do caminho para que vocês os compreendam plenamente.

O Bitcoin e Criptomoedas trabalham de uma forma muito diferente dos bancos centrais que servem às autoridades centralizadoras dos países do mundo.

Os principais aspectos de um sistema de criptomoedas são: a sua natureza aberta (onde qualquer um pode transacionar sem pedir permissão) , sua configuração descentralizada (que permite redes fortes sem um único ponto de falha) e o recurso de resistência à censura (que torna quase impossível se desligar o sistema).

No Bitcoin e outras criptomoedas, a Inflação é matematicamente previsível que assegura estabilidade.

Por estas e outras razões, a CoinYou está engajada na busca de pessoas que conheçam o básico dessa tecnologia, na esperança de que eles venham a participar firmemente nesta revolução, se acharem que vale a pena. Aproveitem a viagem!

O Que É Bitcoin?

Esta pode ser a pergunta mais simples e mais difícil de responder de uma forma curta e compreensível para iniciantes. Bitcoin, para ser sucinto, é a primeira e mais popular moeda descentralizada do tipo "p2p" (ponto-a-ponto), criada e armazenada eletronicamente. Não é centralmente controlada, e nem são os Bitcoins impressos na maneira usual que o dinheiro é ; em vez disso, os Bitcoins são feitos através de um software que resolve problemas matemáticos.

Os Bitcoins pertencem a uma categoria crescente de dinheiro digital chamado Criptomoedas. Uma das características mais distintivas do Bitcoin é que ela é completamente descentralizada. Isto significa que a sua rede não é controlada por qualquer instituição ou governo. Isso faz com que muitas pessoas se sintam seguras porque significa que um grande banco ou instituição financeira não serão capazes de controlar o seu dinheiro contra o seu interesse, em qualquer direção.

Quem Criou O Bitcoin?

O documento de lançamento do Bitcoin foi publicado em 2008 em uma lista de e-mails de interessados em criptografia, por alguém que denominou a si mesmo de Satoshi Nakamoto. Satoshi deixou o projeto no final de 2010 sem revelar sua identidade real. As pessoas não sabem se Satoshi era um indivíduo ou um grupo de pessoas, mas a identidade da(s) pessoa(s) não importa, porque o sistema é de código aberto (Open Source) e é executado por código e não por "pessoas importantes com papel e autoridade centralizada", não há tal centralização no Bitcoin. Desde então, a comunidade cresceu exponencialmente, com muitos desenvolvedores trabalhando em Bitcoin.

POR QUE O BITCOIN FOI CRIADO?

O documento técnico (chamado de "Whitepaper") sobre a criação do Bitcoin foi lançado no contexto do crash da economia mundial de 2008. O sistema financeiro atual é baseado em dívida e é controlado de forma centralizada , e estas são as duas principais diferenças entre esse sistema e o Bitcoin. Talvez o criador do Bitcoin quisesse oferecer um sistema financeiro alternativo, baseado em computação e em regras matemáticas e que ele tivesse sólidos princípios econômicos. Além disso, é possível que o Bitcoin tenha sido projetado para ser um refúgio seguro para as pessoas retirarem seus valores do sistema financeiro atual em tempos de crise generalizada.

Como Posso Obter Bitcoins?

As opções para obter Bitcoins são as seguintes:

- **Vender seus serviços em troca de Bitcoins** - Você pode ganhar bitcoins oferecendo serviços e aceitando os Bitcoin como pagamento por eles. Você pode realizar quase qualquer tipo de atividades, especialmente aquelas que são executadas on-line, e receber o seu pagamento na forma de Bitcoins.

- **Vender mercadorias em troca de Bitcoins** - Similar ao comércio por meio de escambo, você pode realmente trocar bens que você possua por Bitcoins. É outra maneira rápida e conveniente de obter a moeda digital.

- **Pessoa a Pessoa** - Você também tem a opção de obter bitcoins pessoalmente. Se você quer se manter no anonimato ou não quer lidar com os bancos, basta adquirir Bitcoins através de uma transação cara-a-cara com um vendedor local.

- **LocalBitcoins.com** - Você pode procurar por indivíduos que vendem Bitcoins em sua área, se você não tiver algum amigo que ofereça criptomoedas. É fácil. Basta digitar a quantidade que você deseja adquirir, enviar o pedido de compra e fazer o pagamento ao vendedor.

- **Corretoras e Carteiras Online** - Você é novato nos Bitcoins? Há uma variedade de corretoras e carteiras online que você pode encontrar para realizar essas transações, dependendo de suas necessidades. Muitas corretoras e carteiras na web serão capazes de armazenar tanto moedas digitais quanto moedas fiduciárias (moedas comuns) para você, de um jeito muito parecido com uma conta bancária regular; mas uma carteira física (de hardware) é a maneira mais segura de armazenar suas criptomoedas.

- **Caixa Eletrônico de Bitcoins** - Você pode retirar ou depositar Bitcoins usando uma Bitcoin ATM (máquinas de caixa eletrônico de Bitcoins) perto de você. Ainda não existem muitos desses caixas neste momento, mas o número deles está crescendo.

- **Cartões de Débito ou Crédito** - Algumas corretoras permitem que você compre Bitcoin com um cartão de débito ou de crédito, como a NewCash.io. Lembre-se de consultar as suas opções de movimentação, bem como as limitações aplicáveis ao seu país, para esse tipo de serviço.

- **Outras Criptomoedas** - Você pode comprar Bitcoins usando outras criptomoedas que você tenha. Você pode ir a uma das muitas corretoras que hoje oferecem esta possibilidade.

- **Mineração - Você também pode receber Bitcoins como um minerador** — Um minerador colabora com a rede do Bitcoin verificando transações, até que elas alcancem uma determinada condição e possam ser adicionadas na blockchain ; o minerador recebe Bitcoins por esse serviço. Fique atento ao fato de que hoje em dia a mineração de Bitcoins requer hardwares robustos, específicos e também altos investimentos, por isso não seja enganado por aqueles que lhe prometem uma "parte" da mineração de Bitcoins se você lhes antecipar dinheiro. Faça a sua pesquisa sobre todos os aspectos deste tipo de proposta e não ofereça dinheiro a ninguém que não possa comprovar que possui máquinas de mineração reais e têm um modelo de negócios sério.

- **Programas de Afiliados** - Algumas intercâmbios oferecem uma espécie de bónus para aumentar o número de concessionários em suas plataformas. Eles usam para oferecer uma pequena porcentagem das transações de pessoas que você convida através de um link da filial para sua plataforma, pago em criptomoedas diretamente para o perfil do proprietário das ligações da filial. Esta pode ser uma boa maneira de envolver mais pessoas em criptomoedas e obter algumas moedas para fazer isso.

- **Torneiras ("Faucets")** : Torneiras Bitcoin são sites que dão pequenas quantidades de "satoshis" (como são chamadas as casas após a vírgula de um Bitcoin) para as pessoas que executam alguma tarefa repetitiva durante algum tempo.

No passado, havia um monte de torneiras de Bitcoin, mas agora, com o aumento no preço, não é assim tão fácil encontrar uma que seja confiável. Um dos mais bem conhecidos é https://freebitco.in/ .
Há um monte de golpes usando torneiras, então você deve fazer uma boa pesquisa sobre a reputação do website antes de investir o seu tempo e energia sobre isso. Lembre-se também que a recompensa por isso é muito tímida e você pode fazer mais em criptomoedas de outras maneiras.

Como Posso Vender Bitcoins?

Há três maneiras principais de vender Bitcoin:

• **Comércio direto P2P** — O primeiro método envolve um comércio direto com outra pessoa, ou usando um intermediário para habilitar a transação, como a LocalBitcoins.com.

• **Corretoras** — Utilize uma corretora online para comercializar as moedas transferida, em vez de precisar de outra pessoa para vender bitcoins.

• **Comprando bens e serviços** — Este método permite que os proprietários de Bitcoin vendam seus bitcoins por bens e serviços enviando-os a indivíduos que desejem adquirir Criptomoedas para os seus próprios bens e serviços.

Por Que Usar Bitcoin?

Há muitas razões diferentes! As pessoas podem usá-lo para motivações filosóficas, políticas, tecnológicas, econômicas ou práticas. Seja qual for o caso, há muitas vantagens em usar Bitcoin, que incluem:

• **É Rápido, Fácil e Conveniente** - Você pode enviar e receber bitcoins em qualquer lugar do mundo a qualquer momento em questão de alguns minutos.

• **Taxas Baixas** – Normalmente, as taxas para transações Bitcoin são muito pequenas quando comparadas a outras opções. Mas é bom saber que as taxas de Bitcoin podem variar devido à dinâmica do mercado. Além disso, algumas carteiras também irão permitir que você configure a taxa que você está disposto a gastar. Com taxas mais altas, você obterá confirmação mais rápida de suas transações. Do outro lado, não caia na tentação de colocar taxas muito baixas, sua transação pode demorar indefinidamente para ser confirmada.

• **Segurança** – Ao usar Bitcoin, os usuários permanecem in controle de suas transações. Você também está protegido contra roubo de identidade uma vez que os pagamentos por Bitcoins podem ser feitos sem informações pessoais associadas à transação.

• **Transparência** - Todas as informações sobre as transações Bitcoin estão totalmente disponíveis no blockchain para qualquer um verificar e usar em tempo real.

Como Funcionam as Transações de Bitcoin?

As transações de Bitcoin ocorrem entre carteiras eletrônicas de Bitcoin, e são assinadas digitalmente e verificadas para segurança. Graças ao massivo livro contábil público chamado blockchain , os usuários estão cientes de todas as transações. Se você enviar Bitcoins para alguém, essa transação terá três partes de informação:

• **A quantidade de Bitcoins**
• O endereço da carteira do destinatário, gerado aleatoriamente e consistindo de uma sequência de letras e números - este é o lugar para onde você estará enviando seus fundos

• Uma chave privada, que também é uma sequência única de números e letras exclusivamente disponíveis para você. Esta chave irá lhe permitir acessar sua carteira.

Uma vez que uma transação é executada, ele faz o seu caminho pela rede Bitcoin onde aguarda verificação e confirmação. Através do processo de mineração, os mineiros utilizam software para resolver problemas matemáticos aleatórios. Uma vez solucionados os problemas, a transação se move com sucesso no blockchain.

O Que é a Blockchain?

O blockchain é um enorme livro contábil público e compartilhado, onde toda a rede do Bitcoin está situada. Cada criptomoeda é uma blockchain separada. Todas as transações verificadas são adicionadas a esse livro contábil (blockchain), que, por ser público, disponibiliza a todos os participantes da rede as informações relativas às carteiras de Bitcoin e verifica seus saldos.

Leia este artigo para ver como o blockchain trabalha, através de uma metáfora simples e interessante.

O Bitcoin é Seguro?

O Bitcoin só tem valor por que ele é seguro. A blockchain do Bitcoin possibilita uma poderosa trilha de rastreamentos para garantir sua segurança e privacidade, graças às características de seu protocolo e de sua criptografia. Com as chaves privadas, as carteiras das pessoas são mantidas seguras. A responsabilidade dos usuários da rede, portanto, é nunca perder ou armazenar de forma insegura estas chaves privadas. Embora se saiba que já ocorreram casos em que carteiras individuais que não foram apropriadamente guardadas, foram hackeadas e moedas foram roubadas, o protocolo do Bitcoin nunca foi comprometido e essa é a medida da segurança do sistema.

Onde posso gastar Bitcoins?

Você pode usar Bitcoins para fazer compras online ou em lojas reais que aceitem o Bitcoin como forma de pagamento. Confira algumas das empresas que aceitam Bitcoins no Brasil no https://coinmap.org

O que são Cartões de Débito que usam Bitcoin?

Já existem em alguns lugares do mundo cartões de débito de bandeiras como Visa e Mastercard que podem ser carregados com criptomoedas, assim você pode gastar Bitcoins em qualquer lugar em que essas bandeiras são aceitas, ou seja, em quaseq ualquer lugar. Mas podem haver altas taxas de transação nessas situações. Além disso, informe-se das disponibilidades desse tipo de serviço em seu país.

O Bitcoin é Anônimo?

As transações de bitcoin na Blockchain não estão vinculadas a qualquer informação pessoal, o que permite ao usuário proteger sua privacidade. No entanto, uma vez que todas as transações Bitcoin são de conhecimento público e estão permanentemente registradas na blockchain, outros usuários podem ver a atividade associada a um determinado endereço da carteira — portanto o processo não assegura 100% de anonimato. É altamente recomendável (para usuários que querem anonimato) usar endereços de bitcoin apenas uma vez por transação, para evitar que tenham sua identidade revelada através de uma compra específica ou por outros meios.

O Bitcoin tem taxas de transação altas?

Normalmente, as transações de Bitcoin têm taxas baixas. Essas taxas variam e dependem do mercado de taxas dinâmicas. Para reduzir o tempo que leva para concluir suas transações, você pode pagar taxas mais elevadas.

Há carteiras que permitem a edição do valor que o usuário quer pagar na taxa, mas a dica é não colocar um valor muito acima da média no momento da transação para não perder dinheiro, e nem muito baixa para não correr o risco de sua transação demorar a ser confirmada ou eventualmente sequer conseguir ser confirmada por falta de incentivo para que um minerador a inclua em algum bloco válido.

Quem controla a rede Bitcoin?

Ninguém é dono da rede Bitcoin, assim como ninguém controla a internet. O Bitcoin é controlado por todos os usuários de Bitcoin em todo o mundo. Enquanto os desenvolvedores estão melhorando o software, eles não podem forçar uma mudança no protocolo Bitcoin porque todos os usuários são livres para escolher o software e a versão que eles usam. Para se manterem compatíveis entre si, todos os usuários precisam usar o software que roda as mesmas regras. O Bitcoin só funciona corretamente quando há um consenso completo entre todos os usuários. Portanto, os usuários e desenvolvedores têm um forte incentivo para proteger este consenso.

Esta é uma parte de todo o processo que é conhecido como "mineração".

A mineração do Bitcoin não é um desperdício de energia?

Algumas pessoas acham que sim. Como qualquer outro serviço de pagamento, o uso de Bitcoin implica custos de processamento. Serviços necessários para o funcionamento de sistemas monetários atualmente generalizados, tais como bancos, cartões, e veículos blindados, também usam muita energia. Embora ao contrário de Bitcoin, seu consumo de energia total não é transparente e não pode ser tão facilmente medido.

A mineração Bitcoin foi projetada para se tornar mais otimizada ao longo do tempo com hardware especificamente construído para consumir menos energia, e os custos de exploração da mineração devem continuar sendo proporcionais à demanda. Quando a mineração Bitcoin se torna competitiva demais, e menos rentável, alguns mineiros optam por parar suas atividades. Existem outras criptomoedas que não usam a mineração. Se você está interessado em criptomoedas de energia livre, há muitas dentre as quais você pode escolher.

O que eu preciso para começar uma mineração?

Nos primeiros dias de Bitcoin, qualquer um poderia encontrar um novo bloco do blockchain usando seu próprio computador. Como mais e mais pessoas começaram a minerar, a dificuldade de encontrar novos blocos aumentou muito, ao ponto em que o único método rentável de mineração hoje é através de hardware especializado.

Você pode visitar o site BitcoinMining.com para obter mais informações.

O Bitcoin é realmente usado por pessoas?

Sim. Há um número crescente de empresas e pessoas físicas usando Bitcoin. Isso inclui empresas reais, como restaurantes, apartamentos e escritórios de advocacia, serviços online populares, tais como o namecheap, overstock.com e reddit. Enquanto o Bitcoin permanece um fenômeno relativamente novo, ele está crescendo rápido.

No final de abril de 2017, o valor total de todos os bitcoins existentes excedeu 20 bilhões de dólares americanos, com milhões de dólares em Bitcoins sendo trocados diariamente.

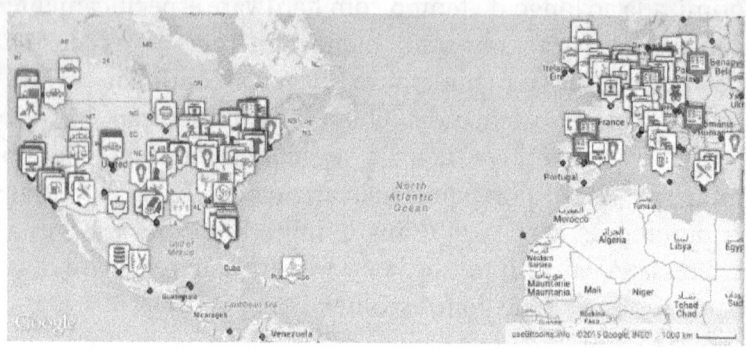

Quão difícil é fazer um pagamento em Bitcoin?

Pagamentos Bitcoin são mais fáceis de fazer do que as compras de débito ou cartão de crédito, e podem ser recebidos sem a necessidade de que a pessoa possua uma conta corrente em banco. Os pagamentos são feitos a partir de um aplicativo de carteira, em seu computador ou smartphone, digitando o endereço do recipiente do recipiente, o valor do pagamento, e pressionando <enviar>. Para facilitar a transferência para o endereço de um destinatário, muitas carteiras podem obter o endereço escaneando um código QR ou usando telefones que disponham da tecnologia NFC.

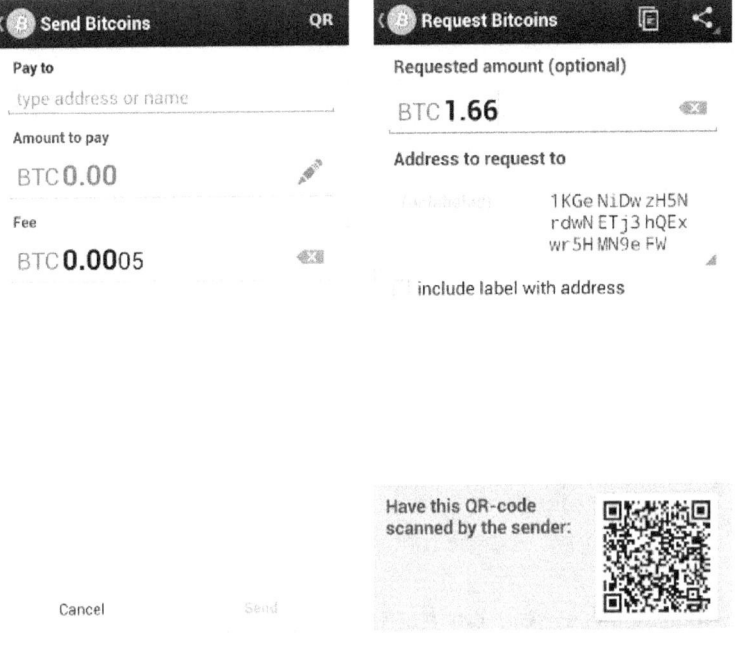

Quais são as desvantagens do Bitcoin?

- **Grau de aceitação** - Muitas pessoas ainda não têm conhecimento de Bitcoin. Todos os dias, mais empresas aceitam bitcoins porque querem as vantagens de fazê-lo, mas a lista permanece pequena e ainda precisa crescer, a fim de beneficiar de efeitos de rede .

- **Volatilidade** - O valor total dos bitcoins em circulação e o número de empresas que utilizam Bitcoin ainda são muito pequenos se comparados com o que poderiam ser. Portanto, eventos relativamente pequenos, comércios ou atividades empresariais podem afetar significativamente o preço. Em teoria, essa volatilidade irá diminuir à medida que os mercados Bitcoin e as tecnologias amadureçam. Nunca nesse mundo se viu uma moeda criada por uma startup, por isso é realmente difícil (e emocionante) imaginar como ela irá se comportar.

- **Desenvolvimento contínuo** - O software do Bitcoin ainda está em fase beta, com muitos recursos incompletos e em pleno desenvolvimento. Novas ferramentas, recursos e serviços estão sendo desenvolvidas para tornar os Bitcoins mais seguros e acessíveis para as massas. Alguns destes recursos ainda não estão prontos para todos. A maioria dos negócios envolvendo Bitcoins são novos e ainda não oferecem seguros. Em geral, o Bitcoin ainda está em processo de maturação.

Por que as pessoas confiam no Bitcoin?

Grande parte da confiança no Bitcoin vem do fato de que ele não requer confiança alguma. O Bitcoin é completamente criado em código aberto e descentralizado. Isso significa que qualquer pessoa tem acesso a todo o código-fonte a qualquer momento. Qualquer desenvolvedor no mundo pode, portanto, verificar exatamente como o Bitcoin funciona. Todas as transações e bitcoins emitidos na existência podem ser consultados de forma transparente, e em tempo real, por qualquer um. Todos os pagamentos podem ser feitos sem a necessidade de confiança em terceiros e todo o sistema é protegido por revisões de auditoria ("peer-review") e algoritmos pesados de checagem de criptomoedas, como aqueles usados para os bancos online. Nenhuma organização ou indivíduo pode controlar o Bitcoin, e a rede permanece segura mesmo se nem todos os seus usuários puderem ser confiáveis.

Posso ganhar dinheiro com Bitcoin?

Você nunca deve esperar para ficar rico com Bitcoin ou qualquer tecnologia emergente. É sempre importante ser cuidadoso de qualquer coisa que soa demasiado bom ser verdadeiro ou desobedece às réguas econômicas básicas. Bitcoin é um espaço crescente de inovação e há oportunidades de negócios que também incluem riscos. Não há nenhuma garantia de que Bitcoin continuará a crescer, embora tenha se desenvolvido muito rapidamente até agora. Investir tempo e recursos em qualquer coisa relacionada a Bitcoins requer empreendedorismo.

Existem várias maneiras de ganhar dinheiro com Bitcoin tal como mineração, negociação ou a criação de novos negócios. Todos estes métodos são competitivos e não há garantia de lucro. Cabe a cada indivíduo fazer uma avaliação adequada dos custos e dos riscos envolvidos em qualquer projeto.

O Bitcoin é Totalmente Virtual e Imaterial?

O Bitcoin é tão virtual como os cartões de crédito e redes bancárias online que as pessoas usam todos os dias. Ele pode ser usado para que se façam compras online e em lojas físicas, assim como outras formas de dinheiro. Pagar com um telefone celular ainda permanece sendo a mais conveniente maneira de enviar e receber bitcoin. Os saldos na moeda digital são armazenados em uma grande rede distribuída, e não podem ser fraudados por ninguém. Em outras palavras, os usuários de Bitcoins têm controle exclusivo sobre seus fundos e seus bitcoins não podem desaparecer apenas por serem virtuais e armazenados em computador. A maior parte do dinheiro no mundo, tal como os dólares americanos é, em sua maioria, digital, ao invés de físico. Além disso, essas moedas não tem sido lastreadas por ouro por um longo tempo.

O que acontece quando Bitcoins são perdidos?

Quando um usuário perde o acesso ou esquece sobre sua carteira/chave confidencial, isso tem o efeito de incapacitar qualquer pessoa de remover o Bitcoin através de alguma transação. Isso termina aumentando a escassez do número restante de bitcoins que podem ser usados para realizar transações.

O Bitcoin em escala pode se tornar uma grande rede de pagamentos?

Talvez. Bitcoin está sempre evoluindo e se desenvolvendo. Há muitas Criptomoedas que estão tentando se tornar competitivas com os principais processadores de pagamentos. Para mais detalhes os Bitcoins em escala, veja essa página sobre a Escalabilidade .

O Bitcoin pode ser usado para atividades ilegais?

Sim, assim como o dinheiro "normal". Isso traz uma discussão filosófica em jogo sobre se as pessoas têm o direito à manter sua privacidade alheia aos governos. O que importa dizer brevemente é que o fato de uma tecnologia poder ser usada para o mal não deve ser usado em desfavor da existência dessa tecnologia, de outra forma todas as tecnologias deverão ser proibidas pois todas podem ser usadas para o mal.

E quanto a Bitcoin e impostos?

Bitcoin não é uma moeda fiduciária com status legal em qualquer jurisdição, mas é comum que a responsabilidade tributária de um indivíduo se acumule independentemente do meio utilizado. Há uma grande variedade de legislações em avaliação, em muitas jurisdições distintas, que têm o potencial de aumentar a tributação sobre receitas, vendas, salários, ganhos de capital ou sobre outros fatos geradores de impostos criados com base no Bitcoin.

E sobre o Bitcoin e a Proteção ao Consumidor?

O Bitcoin não se submete às regras de proteção ao consumidor que alguns processadores de pagamento são obrigados a se submeter. Entretanto, determinadas trocas têm o seguro para perdas, muito parecidas com as dos bancos.

Pode Bitcoins tornar-se inútil?

Sim. Caso alguma tecnologia concorrente superá-lo ou caso sua segurança seja comprometida de forma irreversível, ele pode se tornar inútil, sim. Mas se lembre que ele também pode se tornar extremamente útil na sociedade global e assim valorizar astronomicamente.

Especulação e a Volatilidade Não São Problemas para o Bitcoin?

Neste momento o Bitcoin é um ativo volátil, mas isso pode mudar no tempo. Se você preferir usar criptomoedas com preço estável, veja as chamadas moedas estáveis, tais como DAI e TrueUSD.

O que é uma Confirmação?

Receber notificação de um pagamento é quase instantâneo com Bitcoin. No entanto, há um atraso antes da rede começar para confirmar sua transação, incluindo-a em um bloco. Uma confirmação significa que há um consenso na rede que o bitcoins que você recebeu não foi emitido a qualquer um mais e é considerado sua propriedade. Uma vez que sua transação foi incluída em um bloco, ele continuará a ser enterrado em cada bloco depois dele, que irá consolidar exponencialmente este consenso e diminuir o risco de uma transação invertida. Cada confirmação demora entre alguns segundos e 90 minutos, sendo 10 minutos a média.

Se a transação paga uma taxa demasiado baixa ou é de outra maneira atípica, começa a primeira confirmação pode tomar muito mais por muito tempo. Cada usuário é livre para determinar em que ponto eles consideram uma transação suficientemente confirmada, mas 6 confirmações muitas vezes é considerado tão seguro quanto esperar 6 meses em uma transação de cartão de crédito.

E se eu receber Bitcoins quando meu computador está desligado?

Sim, você pode receber Bitcoins com o seu computador/ telefone desligado. Os bitcoins aparecerão da próxima vez que você iniciar o aplicativo da carteira. Bitcoins não são realmente recebidos pelo software em seu computador, eles são adicionados a um Ledger público que é compartilhado entre todos os dispositivos na rede.

O Bitcoin é Vulnerável À Computação Quântica?

Sim, a maioria dos sistemas que dependem de criptografia em geral são vulneráveis à computação quântica, incluindo os sistemas bancários tradicionais. No entanto, os computadores quânticos ainda não existem e provavelmente não irão existir por algum tempo. No caso em que a computação quântica se torne uma ameaça iminente para o Bitcoin, o protocolo pode ser atualizado para usar algoritmos pós-computação quântica. Dada a importância que esta atualização teria, pode ser seguramente esperado que ela seria altamente revisada e testada pelos desenvolvedores e que seria adotada por todos os usuários da rede do Bitcoin a fim de manter a integridade do sistema.

Uma pessoa precisa comprar um Bitcoin inteiro?

Não, você pode comprar a metade, um quarto ou um décimo, ou todo o caminho até um centésimo, milionésimo, etc. Muitos iniciantes pensam que o Bitcoin é caro, mas não reconhecem que a maioria das pessoas só compram frações de Bitcoins.

SEÇÃO SOBRE CRIPTOMOEDAS EM GERAL

O que são Criptomoedas?

Criptomoedas são uma nova classe de ativos. São moedas digitais. Elas servem, dentre outras coisas, como meios de troca que usam essas criptomoedas para cumprir funções tradicionais atribuídas ao dinheiro. O Bitcoin foi a primeira e continua a ser a maior das criptomoedas, mas já existem milhares de outras moedas digitais.

Qual é a diferença entre uma Criptomoeda e um Token ?

Uma Criptomoeda opera de forma independente.
Um Token é uma modalidade de criptomoeda que depende de outra criptomoeda como plataforma para operar. Confira esse link e veja as l istas de tokens de criptomoedas para exibir a lista dos tokens existentes e suas respectivas plataformas.

O que é um AltCoin?

Um AltCoin é uma forma de denominar as criptomoedas alternativas. Todas as criptomoedas que não sejam Bitcoin são consideradas AltCoins.

As Transações Exigem que eu Apresente Documentos Pessoais?

A fim de comprar ou vender Criptomoedas, muitos sites exigem que você identifique-se usando sua identidade. No caso de transações ponto-a-ponto (p2p), isso é diferente. Portanto, é possível trocar criptomoedas sem precisar revelar sua identidade, assim como é possível trocar uma cédula de papel em uma banca de jornal sem precisar revelar seus dados pessoais para isso.

Você Pode Transferir Criptomoedas entre Países?

Sim! As criptomoedas são um sistema de pagamento descentralizado que permite ao seu usuário trocá-las sem o envolvimento de uma instituição financeira. Elas possuem um sistema de autenticação soberbo e um design único para enviar o pagamento quase instantaneamente, e com o menor custo, para qualquer lugar do mundo. As criptomoedas não são limitadas por fronteiras!

Quantas Criptomoedas existem?

O número de Criptomoedas cresce todos os dias. Elas são divididas em dois grupos:

Bitcoins (que está sozinha em um grupo) ou AltCoins (todas as outras criptomoedas). Isso porque o código de criptomoedas é um Código Aberto , o que significa que qualquer pessoa tem a chance de criar sua própria versão de criptomoeda apenas adaptando o código. Verifique em nosso site CoinYou.co/Prices uma lista detalhada de criptomoedas com preços em tempo real e com informações adicionais.

Qual foi a primeira criptomoeda criada?

A primeira Criptomoeda foi o Bitcoin, criado em 2009.

Quais são as Criptomoedas mais comuns?

1. **Bitcoin** : Essa criptomoeda foi a primeira no ecossistema, e a mais comum das criptomoedas comercializadas hoje em dia. Em 2009, Satoshi Nakamoto desenvolveu o Bitcoin - não se sabe se Satoshi era uma pessoa ou um grupo de pessoas.

2. **Ethereum** : 2015 é o ano em que o Ethereum nasceu, um token baseado usado em blockchain Ethereum, e está na segunda posição mais valiosa e popular das criptomoedas do mercado. O Ethereum oferece um produto chamado contrato inteligente. Consulte a definição de contratos inteligentes abaixo.

3. **Ripple** : A criptomoeda para transferências interbancárias criada em 2012. A Ripple tem um recurso para acompanhar o tipo de transação feita, e não apenas com criptomoedas. A Ripple tem sido usada pela UBS e pelo banco Santander.

4. **Litecoin** : A Litecoin é uma criptomoeda semelhante ao Bitcoin, mas que se move mais rapidamente em seus desenvolvimentos, incluindo pagamentos mais rápidos e processando um número maior de transações de cada vez. Veja uma lista em C oinyou.co/Prices

Como é determinado o valor das Criptomoedas?

O valor é determinado pela taxa corrente das negociações de compras e vendas, envolvendo quaisquer partes. Isto significa que não há nenhum preço fixado, e que as mudanças de preço são baseadas na oferta e na demanda. Cada pessoa decide o valor em que deseja comprar ou vender criptomoedas e realiza a transação assim que encontrar outros compradores e vendedores dispostos a negociar as moedas por aquele valor determinado. As negociações podem se dar em ambientes mais controlados (exchanges) ou mais livres (p2p).

Quais são as piores coisas sobre criptomoedas?

A pior coisa sobre criptomoedas, ou o pior para os iniciantes, é a complexidade da matéria em primeiro lugar. Leva algum tempo para as pessoas que não sabem muito sobre computação, sistemas financeiros ou sobre economia, para começarem a compreender as soluções que o Bitcoin e as Altcoins criam. Algumas outras coisas potencialmente complicadas neste campo se relacionam com incertezas regulatórias e com os problemas técnicos na escalação dos sistemas de criptomoedas, para que eles concorram com os métodos de pagamento atuais, tais como cartões de débito e crédito. Também existe uma tentativa da parte de alguns em ligar criptomoedas a desperdício de energia ou a intenções e ações criminosas. Há muitos desafios com as criptomoedas, pois elas são uma tecnologia ainda emergente apesar do forte potencial em remodelar o sistema financeiro.

As Criptomoedas São Legais?

Verifique este link para verificar as leis relacionadas com Bitcoin em seu país: https://en.wikipedia.org/wiki/Legality_of_bitcoin_by_country_or_territory

As Criptomoedas São Seguras?

É importante fazer a sua devida diligência para pesquisar a estabilidade e segurança dos tokens, carteiras e trocas que você usa. Sob alguns aspectos, as criptomoedas oferecem mais segurança do que o dinheiro regular mas, de outras formas, oferecem menos proteção. São mais seguras porque um banco ou governo não podem confiscá-las. Tem menos proteção porque não estão submetidas aos mecanismos de proteção de fraudes. Uma questão central da segurança é que você é responsável pela segurança dos fundos que possui, e isso se faz seguindo as melhores práticas em matéria de segurança. Veja o nosso curso de segurança em https://CoinYou.co

Quais são os Benefícios das Criptomoedas?

Saiba mais sobre os benefícios das baixas taxas de transações, sobre o benefício do anonimato, controle e liberdade no artigo/vídeo desse link.

Qual é a diferença entre Criptomoedas e Moedas Digitais? São ambas iguais?

A maioria das moedas no mundo existem como moedas digitais (números em contas bancárias contadas em unidade de moeda fiduciária com o real, por exemplo). Somente uma porcentagem pequena de todos os reais existem como dinheiro físico. As criptomoedas também são digitais, no entanto, a diferença é que não são geralmente controladas pelas autoridades centrais. Um recurso adicional das criptomoedas é que elas utilizam criptografia para a sua segurança de forma descentralizada.

GLOSSÁRIO DE CRIPTOMOEDAS

O que é uma Exchange de Criptomoedas?

As exchanges são plataformas de serviços na web que permitem aos detentores de criptomoedas e tokens negociá-los por outras moedas. A CoinYou recomenda as corretoras NEWCASH , CEX.io , Changelly e Binance.

O que é " Capitalização de Mercado " e como é calculada?

A Capitalização do mercado é uma maneira de classificar o tamanho relativo de uma determinada criptomoeda. É calculada multiplicando-se o Preço pelo Disponível Circulante . O preço vezes o volume de moedas em circulação. O valor total de todas as moedas em circulação ou de uma criptomoeda em particular.

Qual é a diferença entre "Fornecimento Circulante", "Suprimento Total" e "Suprimento Máximo" ?

Fornecimento Circulante é a melhor aproximação do número de moedas que circulam no mercado e nas mãos do público em geral. Fornecimento Total é a quantidade total de moedas existentes neste momento (menos as moedas que foram comprovadamente queimadas).

Suprimento Máximo é a melhor aproximação da quantidade máxima de moedas que poderão existir na vida útil das criptomoedas.

O que é FUD (sigla americana para FEAR, UNCERTAINTY and DOUBT)?

FUD significa medo (F ear), incerteza (U ncertainty) e dúvida (D oubt). Essa sigla se baseia em emoções legítimas e justificadas, sejam elas devidas a uma falha na informação ou geradas por notícias de fontes não confiáveis, que influenciaram a massa com a intenção calculada de prejudicar o mercado. Muitas vezes, as pessoas que poderiam ser contribuintes, mas não se tornam investidores de criptomoedas. E isso ocorre devido às emoções FUD, ou seja, ao medo, à incerteza e à dúvida.

Qual é FOMO (sigla americana para FEAR OF MISSING OUT)?

FOMO significa medo de perder uma oportunidade. Quando as pessoas têm medo de que vão perder a chance de investir em um projeto antes que o preço suba, esse medo é chamado FOMO. Ironicamente, quando muitas pessoas investem em um projeto devido a este fenômeno, o preço pode subir e pode causar uma bolha que depois estoura, causando causando um despencar no valor daquele investimento.

O que HODL significa?

HODL é uma corrupção do termo inglês HOLD (segurar). Alguns alegam que essa é uma sigla que significaria, em inglês, "Manter Consigo Para uma Vida Boa" (Hold On for Dear Life). Geralmente significa manter um investimento em criptomoedas para ganhos a longo prazo. Você pode aprender sobre aqui: https://en.wikipedia.org/wiki/Hodl

O que é uma baleia?

Baleia é um termo usado para designar o investidor com milhões ou bilhões de dólares em criptomoedas, que é capaz de manipular os preços de mercado através de grandes transações.

O que significa PUMP and DUMP (bombear e despejar)?

Pump (bombear) é quando uma criptomoeda tem seu valor de mercado aumentado através de ações calculadas e orquestradas em grupo que visam somente aumentar a compra de uma moeda somente a fim de elevar seu preço no curto prazo. Dump (despejar) é quando uma criptomoeda tem seu valor diminuído através de ações calculadas e orquestradas em grupo a fim de realizar lucros provenientes de " pumps ". Isso quer dizer que alguns manipuladores de mercado podem fazer uma criptomoeda aumentar de valor, comprando-a em volumes significativos, a fim de então vendê-la posteriormente no preço máximo. Essa venda em volume faz o preço cair, e os manipuladores de mercado, em seguida, as compram de volta a um preço muito mais baixo, para então reiniciar e repetir o ciclo várias vezes.

O que é Shilling? O que é um Shill?

"Shilling" é o processo de promover uma criptomoeda usando falsas promessas ou mentiras. Um "Shill" é uma pessoa que promove uma criptomoeda, que às vezes é paga para fazê-lo e por isso pode perder sua parcialidade ao falar bem do projeto ao qual se dedica.

O que significa "moon" e "lambo"?

"Moon" (Lua) significa que o preço de uma criptomoeda foi parar nas alturas. Um "lambo" é um termo frequentemente usado em fóruns de criptomoedas, quando se referem à tendência de pessoas que se tornam milionários instantâneos, de comprarem Lamborghinis.

O que é DLT e o que isso significa?

DLT é Tecnologia de Ledger Distribuída, como o blockchain. Um livro-razão é apenas uma contabilização da informação. Meios distribuídos são armazenados em vários lugares e não em um lugar central.

O que é um Node (nó)?

Qualquer computador ou dispositivo de computação que se conecta a uma rede é chamado de um nó. Em geral, nas criptomoedas, um nó é um dispositivo que roda uma cópia completa ou um resumo de toda a blockchain de alguma criptomoeda.

O que significa descentralizado?

Central significa "pertencente a um lugar". Descentralizado significa um ponto ou nó distribuído, e que é usado para armazenar informações (nesse caso, o termo "distribuído" também significa descentralizado).

O que é uma sh*tcoin (moeda lixo)?

Uma sh*tcoin é uma moeda que não deve ter valor monetário, porque não fornece qualquer outro tipo de valor para ninguém. Geralmente é um termo depreciativo usado para rotular projetos desonestos e sem valor, que tentar levantar dinheiro através de falsidades.

O que significa Token Utilitário?

Se refere a um aplicativo de tokens que serve a um propósito diferente da especulação. Existem várias utilidades possíveis que podem ser tokenizadas. Essa é uma das áreas mais promissoras do universo cripto.

O que é uma "Security" (Título Público, em inglês)?

Uma "Security" é como um título público, um precatório, um instrumento monetário regulamentado cujo objetivo é gerar resultados (lucros) sobre o investimento feito nele.

O que são o "Telegram" e o "Discord Channel"?

Estes são aplicativos de mídia social, muitas vezes usados para compartilhamento de informações sobre criptomoedas. A maioria dos projetos de criptomoeda usam esses aplicativos como canais oficiais de suas moedas e tokens.

O que são sinais de tendências (trading signals)?

Sinais de negociação são conselhos de investimento para se negociar criptomoedas. Há traders sérios que vendem os resultados de seus estudos em troca de uma mensalidade e há aproveitadores que enganam pessoas em nome de sinais supostamente lucrativos. Caso esteja pensando em usar esse serviço, pesquise a reputação e os resultados práticos daqueles que te oferecerem esse serviço.

O que é BitConnect?

A Bitconnect foi uma moeda digital criada para propósitos escusos. Ela foi um esquema de pirâmide financeira que roubou dinheiro de muitas pessoas com a promessa de torná-los mais ricos.

O que é Tether?

Tether é uma criptomoeda atrelada ao USD. As trocas utilizam-na no lugar do USD para evitar a regulação. Não está claro se o Tether é realmente uma fraude. Novas moedas estáveis, mais transparentes, estão sendo criadas.

O que é o Autenticador do Google?

O autenticador do Google é um aplicativo usados para fins de segurança das carteiras de criptomoedas. O aplicativo gera uma nova senha a cada poucos segundos e é usado para aumentar a segurança da pessoa que está acessando sua própria conta, confirmando sua identidade.

O que é um token ERC20?

Um token ERC20 é o token mais popular para projetos de em criptomoedas para lançar sua própria moeda no Ethereum Blockchain. Metamask é uma carteira para armazenar ERC20 tokens.

O que é um ICO (sigla americana para Initial Coin Offering)?

ICO representa a oferta inicial de moeda. Semelhante a uma oferta pública inicial de ações públicas, é para projetos para arrecadar dinheiro vendendo fichas em troca de dinheiro ou em criptomoedas.

O que é um Fork?

Blockchains públicos são projetos de código aberto. Qualquer programador pode ler todo o funcionamento da moeda e aproveitar o trabalho já realizado para implementar mudanças e criar uma nova blockchain. Essa postura cria uma fork, ou uma bifurcação na rede onde se pode criar uma nova moeda a partir de outra já existente.

O que significa um "Ataque tipo DOS"?

Um "DOS" (Denial Of Service) é quando hackers invadem e enchem um site de acessos para causar problemas ou roubar dinheiro.

O que significa Remessa?
Remessa é um pagamento, geralmente refere-se a um pagamento entre países diferentes.

O que é GitHub?

GitHub é um site para projetos de tecnologia onde são armazenados códigos-fonte abertos ou fechados para serem compartilhados com equipes ou abertos a todos os participantes da comunidade, a depender da natureza do projeto. Projetos como o Bitcoin tem seu código aberto a toda comunidade.

O que significa Imutável?

Imutável significa que você não pode mudá-lo... nunca. Não é possível alterar os registros de transações Bitcoin.
São armazenados permanentemente e não podem ser alterados.

O que significa Protocolo?

Quando os computadores se comunicam uns com os outros, é preciso haver um conjunto comum de regras e instruções que cada computador segue. Um conjunto específico de regras de comunicação é chamado de protocolo.

O que significa Trustless ("desprovido da necessidade de ser confiável")?

Esse termo indica uma situação em que uma pessoa não tem que depender de confiança em terceiros para realizar transações. Com as transações de blockchain, você não depende de confiar em uma autoridade central para permitir, verificar, validar ou armazenar os dados.

O que é a inflação?

Um aumento geral dos preços e queda no valor de compra do dinheiro. Quando os governos/centrais os bancos aumentam a oferta do dinheiro, ele pode fazer com que o valor do dinheiro caia.

O que é Fiat?

Todo o dinheiro declarado por um governo como moeda legal (dinheiro oficial). Os dólares americanos são FIAT, uma moeda fiduciária. Assim como o real no Brasil.

O Bitcoin é inflacionário?

Sim, mas é uma inflação absolutamente controlada e conhecida de antemão até que atinja o suprimento máximo de 21 milhões moedas. Não há entidade central que possa inflacionar o Bitcoin além desse valor limite.

O que é a mineração de em criptomoedas?

Mineração é um meio para verificar as transações feitas em uma rede descentralizada e introduzir novas moedas no ecossistema. Um minerador é alguém que possui computadores especializados para resolver problemas matemáticos. Ele tem um custo de eletricidade que tem que gastar para resolver um "problema matemático" que é verificado por outros participantes na rede para ver se é correto ou não. Um minerador que consegue resolver o problema e minerar um bloco de transações ganha uma recompensa em bitcoins, os demais não.

O que é um contrato inteligente?

Um contrato inteligente é um acordo programável entre as partes que serão executadas como esperado.

O que é um endereço de contrato inteligente?

Quando um desenvolvedor blockchain configura um contrato inteligente em alguma plataforma que possibilite essa ação, ela também pode conectar um endereço a este contrato. Isso é chamado de endereço de contrato. Estes tipos de endereços são diferentes de um endereço da carteira. É importante entender isso quando você contribuir para ofertas de moeda inicial em Ethereum, Neo, Waves ou outros blockchain que crie contratos inteligentes.

Que é a diferença entre o armazenamento frio e o armazenamento quente?

Armazenamento a frio refere-se a armazenamento que é desconectado da Internet. O armazenamento a quente é uma parte de ferragem (telefone esperto, computadores) que é conectado à Internet.

O que são chaves públicas e privadas?

Criptomoedas é representado por uma entrada no blockchain associado a uma chave pública, seu tipo de como seu número de conta ou seu endereço. A fim de mover a moeda ao redor, trocá-lo, fazer uma compra com ele, ou convertê-lo de volta para o dinheiro Fiat, o PRIVATE chave é necessário para desbloqueá-lo. Normalmente, sua chave particular é armazenada dentro de sua carteira, ou online. É como sua senha ou a chave para o seu cofre. Se perderes a tua chave privada, o teu Criptomoedas está perdido. Semelhante a perder a chave para um impenetrável Seguro. É por isso que é muito importante considerar como suas chaves privadas são armazenadas.

O que é uma seed (semente, em inglês)?

Uma seed é uma chave privada que toma a forma de uma série de palavras aleatórias que pode ser usada para restaurar e controlar a sua carteira de criptomoedas. Você não deve salvá-la ou compartilhá-la em qualquer dispositivo ligado à Internet, mas de preferência em pelo menos dois lugares seguros.

O que é uma carteira Multi-assinatura?

Uma carteira de multi sig de criptomoedas, também conhecida como carteira de múltiplas assinaturas, refere-se a um tipo de carteira de criptomoedas que requerem validação de várias partes para que se complete uma transação. Considere os tipos de carteira criptomoedas que utilizam a tecnologia multi sig como uma conta bancária compartilhada, onde todas as partes precisam digitar seu PIN ou ordem para concluir uma transação.

O que é uma carteira de moedas múltiplas?

Algumas carteiras só possuem um tipo de criptomoedas, carteiras de várias moedas permitem que você armazene vários tipos de Criptomoedas.

O que é uma carteira online? (carteira Web)?

Carteiras online são Criptomoedas carteiras que podem ser usados com um navegador da Web como o Google Chrome ou Firefox.

O que é um da carteira móvel?

Carteiras móveis geralmente podem ser usados com dispositivos móveis como pendrives. Portanto, eles fornecem recursos adicionais em comparação com carteiras que ficam na internet, mas eles também têm riscos de segurança adicionais em caso de perda do dispositivo, por exemplo.

O que é uma carteira de desktop?

Uma carteira de desktop é um software no computador onde Criptomoedas são armazenados. Eles são considerados mais seguros do que as carteiras on-line e móveis, mas que também depende do compromisso do usuário com a segurança.

O que é uma carteira de hardware?

Uma carteira de hardware é um dispositivo com o qual o usuário pode armazenar Criptomoedas desconectado da Internet. Esta é uma das maneiras mais seguras de armazenar em criptomoedas. CoinYou recomenda Carteiras de marca Trezor. Saiba mais em nossa segurança Cursos.

O que é uma carteira de papel?

Uma carteira de papel é uma carteira, onde a chave privada e pública é impressa em conjunto em um papel, desconectado da Internet. Exemplos: BitAddress.org e Bitcoin Armory pode ajudá-lo a criar e imprimir a sua carteira de papel.

CoinYou
CRYPTO FOR BEGINNERS

A missão da CoinYou é trazer pessoas a bordo do ecossistema das criptomoedas. A maioria das pessoas não tem ideia do que são criptomoedas e como elas funcionam. O conhecimento de criptomoedas é mantido, principalmente, por 1% do mundo, formado de jovens ricos que tem domínio da língua inglesa, e que estão inseridos no mundo desenvolvido.

A CoinYou pretende treinar os outros 99 % , como os desbancarizados e refugiados, mas também funcionários corporativos, em um aplicativo multilíngue com fóruns sociais moderados. Qualquer um pode traduzir ou gerar conteúdo, mas deve cumprir as nossas diretrizes... educação sem especulação. Sem esquemas para "ficar rico rápido". Nós somos um portal confiável para o mundo das criptomoedas, e queremos tornar a complexidade intimidante das criptomoedas em algo fácil e amigável.

Junte-se à comunidade CoinYou gratuitamente e baixe nossos plicativos gratuitos para Android e IOS. Aprenda com nossos mentores em fóruns sociais familiares e amigáveis e receba gratuitamente 3 cursos de um minuto de duração sobre as criptomoedas. Saiba como comprar, salvar, enviar, gastar e vender criptomoedas com segurança em CoinYou.co/pt-br

Siga nossa Comunidade nas Mídias Sociais @CoinYou!

Fale Conosco

Para informações, incluindo notas às imprensa, e sobre como tornar-se um instrutor, parceiro, fornecedor ou anunciante, por favor nos contacte pelo e-mail contact@coinyou.co